KB238367

하늘빛 그리움

이 신 옥 자음

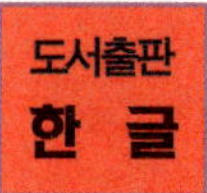

1

시집을 내면서

세상에는 아름다운 것이
너무나도 많이 있습니다.

사랑하는 사람들과 함께 하는
시간 속에 묻어나는 웃음과
아름다운 날들의 향연 속에
피어나는 고운 모습들
은은한 커피 한 잔을 마시며
마음에 와 닿는 시 한 편을 읽을 때
순간순간 아름다움은 화사하게 피어납니다.

한 편의 시는 영혼의 양식이 되어
시를 읽으면 마음이 맑아지고 영혼이 정갈해집니다
시인은 언어의 마술사라고
사랑과 그리움 행복과 슬픔을 노래하고
희망이라는 달콤한 꿈을 심어 주기에
건조해지는 감성에 살포시 이슬방울 내리듯
촉촉이 젖어들게 합니다.

자연 친화적인 사랑을 하면서

은은하게 풍기는 삶의 향기를 신선하게 표현하고
꽃잎에서만 향기가 나는 것이 아니라
사랑스러운 표현들이 살아 숨 쉴 때
사람에게도 꽃보다 더 아름다운 향기가 묻어나는 걸 알았
습니다.

황홀한 가슴속에 타오르는 사랑을
온 누리에 전하고 싶은 마음으로 은은한 향기를 전합니다.

목 차

제 1 부

가슴에 새겨놓은 사랑

가슴에 새겨놓은 사랑

그대의 그윽한 눈빛과 미소는
언제나 신비함을 간직한 채
백합꽃 향기가 납니다

그리움 안겨주는
그대의 이름을
가슴 깊은 곳에 새기며

부르면 금방이라도
꽃망울 터트릴 것 같아
살며시 눈을 감아봅니다

영롱한 햇살 같은
정감 어린 모습
한순간 내 마음 사로잡아

그대의 이름 석 자
내 안에 한 방울 피가 되어
잔잔히 퍼져 갑니다.

사랑하고픈 당신

백 년의 시간을 뛰어넘어
천 년 동안 사랑하고픈 당신
따스한 인간미가 넘치고
부드러움이 가득한 사람
내 속에 뜨거운 혈류가
생동할 때마다 사랑이 샘솟고
한 올 한 올 검은 머리 희어갈 때
곁에서 바라보며
닮아갈 수 있는 사람이기에
끝없이 사랑해도 모자랄 당신.

물처럼 흡수 되는 만남

어떤 형태로든지
물처럼 흡수되는
만남이 되고 싶습니다

촉촉이 젖어드는
시원하고 정갈한
만남이 되고 싶습니다

목마른 자가 물을 찾듯이
갈증을 해결해주는
늘 반가운 만남이었으면 합니다.

당신이 곁에 있기에

잔잔한 미소를 머금은 당신이
늘 내 곁에 있기에 행복합니다

눈가에 내리는 작은 훈장들이
언제나 화려하게 빛을 발하지만
그건 나에게 미소를 보내기 때문에
생겨나는 작은 선물이라 생각합니다

삶은 수많은 인내를 요구하지만
내게 보여준 사랑으로 미소를 낳게 하고
당신이 아름다운 언어로
감싸주기에 더없이 고맙습니다

부족한 마음 열어 보이지만
넓은 아량으로 한없이 자리매김해 주는
나의 영원한 친구이자 연인이기에
오늘도 당신을 향한 마음은 설렙니다

고맙다는 말보다는 사랑한다는 말보다는
진실한 마음으로 당신을 바라보고 싶습니다.

만나면 기분 좋은 사람

화사한 미소를 띠며
말이 없어도
만나면 기분 좋은 사람

잔잔히 흐르는 물결같이
때론 성난 파도 같이
내 마음 젖게 하는 사람

해 맑은 표정으로
넓은 가슴 빌려주고
훈훈하게 데워주는 사람

하늘보다 더 높이
바다보다 더 깊이
사랑하고픈 사람

만나면 늘 기분 좋은 사람.

그대 고운 미소

그대 고운 미소에
내 마음이 녹아요
그대 고운 미소에
내 가슴이 설레요
나의 영혼까지 흔들어 놓으니까요

그대 고운 미소가
어찌 그리 예쁜지
보고 또 쳐다보게 되어요

그대 하얀 얼굴에
너무 미소 짓지 마세요
그대를 사랑하지 않고는
내 가슴이 터질 것만 같아요

그대 고운 미소에
세상 시름 모든 걸 한순간에 버려요
그대만의 매력에 흠뻑 젖어들기에.

살아 숨쉬기에 행복한 세상

화려한 세상 소박한 삶
그대를 사랑하며 살아 숨쉬기에
오늘도 태양은 밝아 옵니다

초록으로 물들어 가는 연둣빛 잎새
창문 넘어 바라보며 여유 부리고
호흡하는 이 순간마저도 가슴 벅차

진분홍빛 철쭉의 향기에
아침을 설레게 하는 황홀함
혼자가 아닌 둘이 맞이하기에
그대와 함께하는 세상은
늘 행복합니다.

내 곁에 있는 한 사람

공기처럼 있는 듯 없는 듯
편안한 사랑의 울타리 만들어
아름다운 마음으로
내 곁에 있는 한 사람
내가 살아 있음에 감사함을
깨닫게 해 줍니다
길고 긴 나날들이 우리 앞에 있기에
날마다 신비의 성을 쌓고 또 쌓아 갑니다
은은한 사랑의 빛깔로
넉넉한 인심을 베푸는 소중한 사람.

내 사랑

사랑하고 또 사랑하고
바라만 봐도 미소 짓게 되는
내 안에 가득한 그대

사막에 마지막 남은
한 방울의 물방울처럼
소중한 내 사랑

하늘 아래 풀 향기가 상큼해도
그대의 향기만큼 상큼하지 못하고
하늘 위에 별들이 반짝여도
그대의 눈빛만큼 아름답지 못해요

그대는 나를 위해 태어난 사랑
하늘 위에도 없고 땅속에도 없는
나만이 간직할 내 사랑.

오직 한 사람

사랑이라는 두 글자를 언제까지나
쓰고 싶은 오직 한 사람

눈물 나게 그리워하고 애타게
기다리고 싶은 오직 한 사람

언제까지나 아름다운 마음만 심어주고 싶은
내 안에 가득한 오직 한 사람

세상에 영원한 건 없다고 하지만
영원한 걸 선사해 주고 싶은 오직 한 사람

내 영혼을 팔아서 평생 나만
사랑할 수 있게 만들고 싶은 오직 한 사람

하늘이 부르는 날 두 손 꼭 잡고
함께 하늘문 들어가고 싶은 오직 한 사람.

행복한 아침

감빛으로 밝아 오는 새벽을
두 팔로 반기고

어두운 땅거미 하얗게 피어오르는
정갈하고 소담스런 아침

가벼운 몸짓으로
사뿐히 한 걸음씩 내디뎌 주세요.

숲에서 묻어나는 솔향기 뿌려놓고
신선한 마중을 하렵니다

가련히 불어오는 겨울향기에
어설프게 녹아내리는 백설의 풍경

한 폭의 그림처럼 행복한 아침을
두 손 가득 선사하렵니다.

당신을 사랑합니다

황폐했던 마음에 촉촉이 내리는
단비처럼 당신은 그런 사람입니다

암울했던 시간 속에 갇혀 살아 숨 쉬는 동안
자유의 날개를 달아주는 당신이기에

마음이 아플 때 위로해주고 눈물 흘릴 때
닦아주고 방황할 때 함께 손잡아주는 당신

삶이 이유 없이 싫어질 때 용기를 북돋아 주기에
미련 없이 후회 없이 당신을 사랑합니다

상처받은 날개를 어루만져 치료해 주는
당신이 곁에 있기에 또 다른 비상을 시도합니다

한쪽 날개로는 날 수 없기에
다른 한쪽 날개는 당신입니다.

사랑은 봄비를 타고

봄비가 촉촉이 내리던 날
개나리 빛깔 미소 지으며
새근새근 잠든 천사
앞세워 길을 떠난다

뜻밖에 찾아온
행운의 마법이 풀리던 날
봄비 속에 태어난 신비한 사랑

노랑나비 한 쌍이 되어
장밋빛 열정을
붉게 물들여 놓고

실버들 같은 봄비는
내 안에 잠재된 본능을 깨워
황홀한 키스처럼

잠들지 못하는 환희
끝 없이 끝 없이
매혹스러운 향기 속에 빠져만 간다.

아침 이슬

하늘에서 잘게 부서져 내린
유리알처럼 고운 아침 이슬

꽃잎 위에 내려앉아
한순간 반짝임을 선보이고

나뭇가지 사이로 흘러내려
뿌리 깊은 곳까지

아련히 젖어드는
촉촉한 사랑의 감정.

내가 사랑하는 당신은

내가 사랑하는 당신은
촉촉하게 젖어드는 은빛 이슬방울 위에
살며시 피어나는 풀잎향기였으면 좋겠어

내가 사랑하는 당신은
노랗게 물들어 버린 아침 햇살처럼
밝게 떠오르는 뭉게구름이었으면 좋겠어

내가 사랑하는 당신은
산새들이 지저귀는 소리처럼
맑고 청아한 노래였으면 좋겠어

내가 사랑하는 당신은
별이 떨어지는 모습을
밤새워 지켜주는 수은등이었으면 좋겠어

내가 사랑하는 당신은
때 묻지 않은 마음속에 영원히
빛을 발할 수 있는 눈부신 사랑이었으면 좋겠어.

그대와 단둘이

긴긴 밤을 지새우며
모두 잠든 시간을 신도 모르게 훔쳐오고
두근거리는 마음을 진정시키지 못한 채
부풀어 오르는 애틋한 기다림

잊히지 않는 추억을 만들려고
꺼져가는 가로 등불 다시 불 밝히면
행운의 새가 날아와
작은 날갯짓하며 고운 노래 불러줍니다

그대는 항상 따스한 손 내밀어
아름다운 시간 가득 채워주고
둘만의 시간표를 작성해
작은 풍선 하늘 높이 띄우고

그대와 함께 어느 멋진 날
함박꽃처럼
환하게 피어오르는 파티를 준비합니다.

제2부

하늘빛 그리움

하늘빛 그리움

하얀 구름처럼
빛나는 하루를
너와 함께 시작하고 싶다

싱그러운 바람 따라
찾아오는
가슴 깊이 느껴지는
너의 향기

넓은 허공에
너의 얼굴 그려 놓고
마주보며 웃고

밝게 웃는 모습에
나의 그리움은
하늘빛으로 물들어 간다.

그대만 보여요

어둠의 빛이 내려앉을 때
밝은 햇살이 그리워 몸부림쳤죠
눈을 떠도 눈을 감아도 볼 수가 없어요.

희미한 가로 등불 그림자로 다가와
그대가 환한 미소로
내게 오라 손짓하네요

그윽한 눈빛으로 날 바라볼 때
심장이 금방이라도 터질 것 같아
살며시 내민 손끝에 찌릿하게 전해지는
사랑의 전율이 내 가슴을 뜨겁게 하네요

작은 동공 속에 끝없이 차오르는
아릿한 그대만 보여요.

그리움의 숨결

가닥가닥 이어지는
대나무 마디같이
끊어질 듯 끊어지지 않는
운명의 선을 이으며
새까만 그리움은
표출되어 흐르고
처음과 끝도 없이
앞뒤도 없이
맴도는 영혼의 술래잡기
내 가슴에 새겨지는 그리움.

그리움이 머물고 있는 자리

가슴속 깊은 곳에
안주하는 그대는
자스민 향기가 묻어나는
늘 그리운 사람

볼 수 없는 그리움이
아픔이 되어
지울 수 없는 추억으로
깊게 새겨 놓아

하나만 아는 생각 주머니
그대 사랑 빼면
기억상실증 되어
아무것도 넣을 수 없어요.

나의 뇌는 너만 기억해

우주 정거장보다
더 복잡한 것이 뇌라면
길고 긴 통로 속에 비집고 다니는
생각은 오직 너뿐이야
쭈글쭈글 울퉁불퉁한 미로 속
작은 떨림으로 존재하는
가냘픈 실핏줄 같은 너
수많은 생각과 느낌이
반복과 교차할 때마다
샛별처럼 어김없이 떠오르는
나의 뇌는 너만 기억해.

눈물 나게 보고 싶다

보고 싶다 생각만 해도
눈물이 글썽입니다

돋아나는 보고픔의 싹은
잘라도 뽑아도 질긴 잡초

막을 수 없는 애태움으로
눈시울을 뜨겁게 달구고

거침없이 충혈된 눈
장대비처럼 쏟아 내리면

보고 싶어 흘린 눈물
소금기둥 되어 높아만 갑니다.

보고 싶어 미워요

허기진 보고픔을 부여잡고
노래진 하늘을 보며 달려갔더니

마음과 마음이 닿을 듯한 그곳에
그대는 형체조차 보이질 않고

그대와 함께한 하루는
십 년같이 달콤하지만

그대 없이 보고픈 하루는
백 년의 고통

보고 싶으면 언제든지 갈 수 있는 마음
하얀 날개 달아 보내요

그대가 정녕 미워서 미운 게 아니라
너무 보고 싶어 미워요.

사랑하면 할수록

사랑은 왜
하면 할수록
가슴이 아파지나요

사랑은 왜
심장을 빠르게 했다가
너무 느리게 하나요

사랑은 왜
다 주어도 모자라는데
허전할까요

사랑은 왜
건너지 못할 강을
너무 깊게 만들어 놓는 걸까요

사랑은 왜
보일 듯 보이지 않는 그리움으로
끝없이 괴롭히나요?

그대와 함께하는 동행

은빛날개 활짝 펴고
금모래 빛으로 치장한
그대와 함께 달려간 바닷가

우리의 끝없는 사랑을
모래성 속에 그려놓고
은빛 물결로 숨겨 놓았지

그대와 함께한 하루는
행복의 꽃신이 신겨져 있어
온종일 걸어도 행복한 시간

그대를 바라보면
 파도처럼 두근거리는 마음
그대의 마음속에 풍덩 빠졌지

두 번 다시 헤어 나오지 못할
사랑의 수렁 속으로
그대와 함께하는 천 년의 동행.

그리움에 젖어 아픈 하루

보고픔은 사그라질 줄 모르고
잔잔히 죽은 듯한 어둠이 시작되면

알싸해지는 그대 생각에
하루가 아픕니다

손끝에서 손끝으로 고운 손 내밀어 주면
살포시 닿을 듯 말 듯한 거리에 있는데

끝내 보이지 않는 손길이
아련해집니다

보고 싶어도 곁에 가고 싶어도
무심한 마음만 앞서 가기에

불러도 불러도 입 밖으로 나오지 않는
힘찬 외마디만 안으로 삼킨 채

날렵한 칼날에 베인 듯 하루가 또 저물어
내 마음은 아픈 상처만 가득 안고 옵니다

어떻게 가야 하는지
그대에게 가는 길을 물어보고 싶어요.

보고 싶어 잠 못 이루는 밤

별들이 눈 맞추는 고요한 밤
보고픔은 사그라질 줄 모르고
잔잔히 죽은 듯한 어둠이 시작되면
하늘길이 열리고

한 줄기 빛이 내려와 속삭이는데
보이지 않는 그리움은
바람처럼 나타났다
혜성처럼 사라진다

충혈된 눈으로 새벽을 지새우며
오지 않는 잠을 청하지만
뒤척이는 몸부림에
새벽으로 넘어가는 시계는
멈추어 선다.

눈 시리도록 바라보고픈 사람

장미향 그윽이 풍기는
초여름 아침에

실버들 솜털처럼 가녀린
연둣빛 맑은 미소를 담아

바라만 봐도 미소 지어지는
새하얀 꿈같은 행복

소리 없이 내리는 보슬비
고운 자태 뽐내며 휘날릴 때

나지막이 곁눈질하며
눈 시리도록 바라보고픈 사람.

늘 그리운 사람

사랑해서 너무 사랑해서
늘 그리운 몹쓸 사람

내 가슴 깊은 곳에 자리 잡아
하늘 아래 둘도 없는 이기적인 사람

심장의 숨소리가 멈출 때까지
사랑한다 말해놓고 돌아오지 않는 사람

헤아릴 수 없이 많은 추억으로
밤하늘만 바라봐도 생각나게 하는 사람

바람처럼 홀연히 사라져
평생 가슴앓이 하며 죽어도 못 잊을 사람

기억 속에 깊이 뿌리박혀
지우려 하면 할수록 떠오르는 늘 그리운 사람.

가슴속에 사는 그리움

가슴속에 사는 그리움
온몸으로 젖어들어
천천히 퍼지는
불꽃같은 집착이
성난 폭죽처럼 터진다

걷잡을 수 없는 보고픔
표류하며 갈 곳 모르고
이리저리 방황할 때
눈가에 맺히는 이슬방울
하나 둘 엉키어
가슴속에 사는 그리움
눈덩이만큼 커져만 간다.

비처럼 음악처럼

하늘의 하얀 구슬이 쏟아져
아름다운 음악과 어우러지면
환상의 하모니를 이룹니다

한 송이 꽃처럼 피어나는
눈물 꽃 방울방울
창가에 맺혀 흐릅니다

창 넓은 방에
커튼을 드리우고
아름다운 음악을 들으면

그대와 함께
비처럼 음악처럼
지칠 줄 모르게 젖어듭니다.

제3부

너에게 행복을 주고 싶다

너에게 행복을 주고 싶다

삶의 작은 여유를 찾아
따스한 차 한 잔을 나누듯
행복을 나눠주고 싶고

햇살 곱게 비추는 날
포근한 사랑을 그대에게
한 아름 선사하고 싶고

내 안에 있는
정겨운 삶의 모습을
그대의 고운 두 손에 부어주고 싶다.

행복은

행복은
푸른 숲에 젖어드는 산소같이
맑고 신선한 느낌으로
부드럽게 다가옵니다

행복은
흐린 세상에서 만난
마음의 창고 속에 쌓아 놓은 햇살처럼
더없는 기쁨을 선물합니다

행복은
언제나 신기루처럼
홀연히 나타났다 사라지는
잔잔한 여운을 남겨 놓고 갑니다

행복은
소중히 간직될 짧은 순간까지도
아낌없이 채워주기에
상상을 초월하는 애정입니다.

내 마음에 가득한 행복주머니

행복한 하루를 꿈꾸면
행복의 주머니가 환하게 열리고

불행한 생각을 짊어지면
불행의 불씨가 활활 타오릅니다

생각을 조금만 바꾸면
모든 것이 바뀌고 행복해집니다

내 마음에 가득한 행복주머니
한꺼번에 꺼내 볼 순 없지만

하루에 한 개씩만 볼 수 있다면
또 다른 행복이 솟아납니다

하루가 행복하면 한 달이 행복하고
한 달이 행복하면 일 년이 행복합니다

내 마음에 가득한 행복주머니
아름다운 표정으로 살아 숨 쉽니다.

행복의 숲

행복의 숲에는 아기자기한
사랑이 숨어 살고요

행복의 숲에는 귀엽고 깜찍한
요정들이 숨바꼭질 한데요

행복의 숲에는 반짝이는
행운이 가득 피어나고요

행복의 숲에는 지혜의 샘물이
말갛게 솟아난 데요

행복의 숲에는 언제나 잔잔한
감동이 살아 숨 쉬고요

행복의 숲에는 행복의 주머니가
주렁주렁 달렸데요

행복의 숲에는 아름다운 내일이
행복한 미래가 가득하데요

행복의 숲으로 빨리 오세요
행복이 당신을 기다리고 있어요.

마음의 열쇠

마음을 열어 볼 수 있는
마법 열쇠가 있다면
그대의 마음을 문뜩 열어
보고 싶습니다

중후한 사랑이 흐르는
마음의 강이 보이고
그 강가에 하염없이 좋아라
행복에 젖어 있는 모습도 보입니다

그대의 넓은 마음을
열쇠로 열어 보는 순간
하늘빛 사랑이 분수를 뿜어내고

가슴에 두근거리는 심장을 향해
큐피드의 화살을 마구 쏟아
하트를 만들어 놓듯이

폭발하는 활화산처럼 하염없이
솟구치는 그대의 사랑 안에서

영원히 숨 쉬고 싶습니다

그대 안에 내가 있고
내 안에 그대가 있기에
행복의 쌍두마차는 지름길을 찾아
정답게 질주합니다.

내 허락 없이 아프지 말아요

그대 고운 얼굴
찡그리지 마세요

바라만 봐도 닳을까
자주 보지 못해요

그대 고운 얼굴에
환한 미소만 지어요

내 허락 없이 절대로
아프지 마세요

그대 몫까지 대신
아파 줄게요

그대가 아프면
내 마음도 아파

하늘이 노랗게
무너져 내리니까요.

부서지는 그리움

시들시들하던 보고픔이
점점 메말라 간다
내 안에 부식되어버린
고갈된 이름 하나
까맣게 부서지는 그리움으로
손끝에 바스러지는
한 움큼의 재가 되어
흩어져 버리는 안타까운 미련만이
흐느적거리는 시린 가슴
부여잡고 배회하다
스러질 듯 흔들리는
그리움의 끝자락만 매만진다.

아름다운 사랑

수줍은 햇살이 너의 얼굴을 비출 때
널 향한 태양 같은 심장은 두근거린다

백합꽃처럼 고귀한 너의 향기에 취해
죽을 만큼 달콤한 사랑을 하게 되었고

가뭄에 메말라 버렸던 황폐했던 가슴에
단비 같은 촉촉함에 새순이 돋아나고

심장의 뛰는 속도만큼 널 사랑하는
마음의 크기도 마구 자라났지

천 개의 분수로 하늘 향해 쏘아 올리고
총천연색 불빛으로 어둠을 밝히고

천 송이 붉은 장미꽃잎을 띄우고
천 가지 꽃향기로 널 사랑하고 싶어

널 사랑하기에 세상은 날 감동시켰고
난 꿈속에서 헤맸었지

정녕 꿈이라면 깨어나지 않게 해달라고
영원히 잠들었으면 좋겠다고 노래했지

널 사랑한다는 이유 하나로
죽음도 그 이상도 난 두렵지 않아
너만을 사랑하기에.

영혼의 불새

그대는 내 눈 속에 마음속에
깊이 빠져 숨을 쉬지 않는
공간 속으로 사라졌습니다

그대의 순수한 눈빛도
그대의 맑고 투명한 미소도
한 줌의 시커먼 심장 속으로
구겨 넣어버렸기에
이제 그대는 어디에도 없습니다

내 영혼 깊은 곳에 숨겨놓았기에
눈으로 볼 수 없는
영혼의 불새랍니다.

코스모스 닮은 친구에게

소슬바람 불어오면
길가에 흐드러지게 핀
코스모스가 하늘하늘 춤을 춘다

연분홍빛 꽃향기 타고
나는 작은 나비 되어
너에게 사뿐히 날아가고 싶구나

가을이 오면 예쁜 추억
많이 만들자고 약속했는데
어느새 가을이 다 가고 있단다

보고 싶다 친구야
코스모스 꽃잎이 다 떨어지기 전에
길섶에서 꽃 한 송이 들고 기다리고 있을게.

갈색 추억의 길

그리움 이슬 먹고
바람의 발자국을 사랑하는
갈색 추억의 길

하염없이 널브러진 낙엽을
양탄자 삼아 끝없이 깔아놓은 길
그대와 손잡고 거닐던 길
까치들이 찾아와 둥지를 튼다네

낙엽들이 쌓이며 누군가를 기다리나
빼곡히 바라보는 눈길조차 정겨워라
바스러지는 너의 모습 애처로워 갈 수가 없구나

새들의 힘찬 지저귐도 메아리쳐 울리고
밝은 햇살이 부서져 내리는 갈색 추억의 길
그대와 함께 다시 걷고 싶어라.

집착을 버린 사랑

소유하지 않는 마음으로
집착하는 버릇을 스스로 놓아버리고
순수한 생각만으로
아름다운 사랑을 할 수 있다면
그대 위해 모든 걸 버릴게요

습관처럼 굳어버린 상념
보이지 않는 슬픈 나날들
사랑이란 이름으로
그대의 부드러운 미소 보여주세요

그대와의 사랑은 내게 그리움이란
선물이 되어 버렸기에
길고 긴 행렬 속에 방황하는 날들
지치고 힘든 시련이 찾아와도
그리움 한 아름 안고 기다릴게요.

사랑은 이런 줄 알았는데

사랑은
무조건 빛나는 줄 알았는데
그건 착각인가 봅니다

사랑은
밝은 세상만 보여주는 줄 알았는데
둔탁한 안개 같은 세상을 보여주나 봅니다

사랑은
무조건 행복 하는 줄 알았는데
가슴 아프고 눈물 나게 하는 몹쓸 병인가 봅니다

사랑은
기다리는 줄 알았는데
어느 날 예고 없이 찾아오나 봅니다

사랑은
심장의 색깔을 하얗게 만드는 줄 알았는데
아무도 모르게 검게 변하나 봅니다

사랑은
한순간의 꿈인 줄 알았는데
영원히 간직해야 할 아름다운 상상인가 봅니다.

사랑 뒤에 오는 슬픔

아름답고 슬픈 사랑은
비운의 주인공처럼

신비감에 휩싸인 것같이
황홀하고 아련한 느낌을 전해주지만

바보같이 한순간을 사랑해
시간과 공간을 초월한 눈먼 자의 비애

눈을 뜨나 감으나 그대 생각에
잠 못 이루는 순간들이 길어질수록

슬픔에 잠기어 눈을 감지 못하고
뜬눈으로 푸른 새벽을 달래며

간절한 눈빛으로 호소해 보지만
뜻 모를 엷은 미소만 보일 듯 말듯

회색빛으로 싸늘하게
식어가는 사랑 앞에

바람에 희석된 고정된 눈먼 사랑이
고통으로 일그러집니다.

사랑과 이별 사이

사랑은 아름다운 꿈인가 봐요
한순간에 몰아치는 밀물처럼
순식간에 찾아와

황홀경에 푹 적서 놓고
달콤한 유혹으로 사로잡아
설레는 향연만 남겨 놓지만

이별이 찾아오는 순간
서서히 빠져나가는 썰물처럼
아픔의 긴 여운만 남겨놓네요

사랑을 할 땐 눈이 멀어
오직 하나만 보이지만

이별을 할 땐 마음이 멀어
아무것도 보이지 않네요.

제4부

당신의 그늘

당신의 그늘

커다란 바윗돌 같은 굳은 절개
든든한 바람막이가 되어준 당신
산을 오를 때 느끼는 감정처럼
인생에도 심한 굴곡이 있습니다

인생의 영원한 동반자
부부라는 인연을 맺어 한평생
당신의 그늘 밑에서
편히 쉼을 얻습니다

비바람이 몰아쳐도
버팀목이 되어주고
끝없는 삶의 여정에서
음으로 양으로 채워 주는 사랑

커다란 그림자로 행복이라는
두 글자를 선사해주는 당신이 있기에
남은 일생이 당신과 더불어
잔잔히 물들어 갑니다.

끝없는 사랑

세기가 지나고 억만년이 지나도
끝없이 펼쳐질 아름다운 사랑은
변화를 모릅니다

인간의 마음은 한순간 일렁이는
바람에 흔들리는 가녀린 갈대와 같지만
살아생전 한 번뿐인 사랑은
영원한 화석이 되어
그 진가를 발휘합니다

사랑 안에 진하게 새겨진 사랑
세월이 흐른다고 흐려지나요
아득히 먼 시간을 돌고 돌아
세상이 변한다고 깨어지나요

언젠가 형체도 없이 사라져
한순간 먼지가 된다 해도
당신과 맺은 끝없는 사랑은
세세토록 빛을 발할 거예요.

마음의 뒷모습

앞만 보고 무작정 달리는 현실 앞에
우린 뒤돌아볼 겨를도 없이
하루하루를 보냅니다

향기 나는 여유보다는
고달픈 삶에 얽매여
살지는 않나요

일상 탈출을 꿈꾸지만
물레방아처럼 돌고 도는 인생살이가
때론 다람쥐 쳇바퀴처럼 느껴질 때

비둘기 날개 같은 하늘을 바라보며
마음의 눈을 크게 뜨고
세상을 살아 보아요

마음이 예쁜 사람은
살아가는 모습도 예쁘대요
미소 속에 살아가는
마음의 뒷모습은 평화로워 보여요.

마음속에 간직할

아름다운 꿈같은 추억이
마음속에 살아 숨 쉴 때
더욱 빛을 발하는가 봅니다

사막의 바람결에 사라지는
잡히지 않는 모래알의 떨림으로
깊이 간직할 때 더 행복합니다

어느 날 문득 보고 싶어
추억을 찾아 나섰지만
후회와 실망만이 기다리고

칼바람 부는 언덕 위에
머릿속 가득 찬 기운이
헤엄을 치는 듯

뇌리에 가득한 추억은
그냥 묻어 두는 게
더 행복한 것 같습니다

열어보면 알 수 없는
미묘한 아픔만이
살아 숨쉬기에.

사랑한다는 말

당신에게
사랑한다는 말
아끼고 아끼렵니다

너무 쉽게 해버리면
하얀 눈이 한순간
녹아 버리는 것처럼
사라질까 봐
사랑한다는 말
가슴속에 묻어두렵니다

내 눈빛에서
내 마음에서
내 목소리에서
당신을 더없이 사랑하기에
내 가슴속에 영원히
묻어 두렵니다.

행복한 그대의 미소

그대의 미소는 언제나
사랑이 가득 담겨 있습니다

함박눈처럼 시원한 얼굴로
뜨거운 태양을 질투 나게 하고

천진난만한 아이같이 투정부려도
미워할 수 없는 행복한 미소로

사랑 안에 사랑을 더해가는
평온한 마음을 전해주기에

그대를 마주하는 것만으로도
사랑이 넘쳐납니다

꽃보다 더 진한 향기로
숲 속에 잠자는 바람을 깨우듯

황홀한 미소 내게 잊지 말고
끝없이 지어주세요.

영원한 하얀 사랑

함박눈이 금방이라도 내릴 것 같은 흐린 날
눈이 오면 우린 늘 예쁜 사랑하자 약속했지

내 안에 모든 걸 다 버려도 오직 그댄 버릴 수 없는
순결한 마음속에 숨겨 놓은 눈처럼 시린 사랑

저 하늘이 우릴 버린다 해도 우린 서로 아끼고
사랑하자고 새끼손가락 걸고 맹세했기에

살며시 바라보기만 해도 아까운 그대는
너무 사랑해서 닳아 없어질 것 같고

눈부시게 빛나는 그대의 고운 자태는
세상 그 어디에도 볼 수 없는 오직 나만의 행복

사랑했던 시간보다 더 많이 감싸주고 싶어
나 살아 숨 쉼에 하늘에 감사해

모든 시기와 질투 속에서 다시 태어나도
뼈가 하얗게 부서질 때까지 변함없이 사랑해.

기억의 수채화

함박눈이 펄펄 내리면
눈이 시리도록 보고 싶은 기억이
지상에서부터 하늘까지 쌓여갑니다

하얗게 변한 벌판 위에 누워
마주 보며 사랑한다 고백하고
순백의 세상에 기다란 손가락으로
울퉁불퉁한 글씨로 마음을 표현합니다

작은 눈사람 나란히 만들어
신랑 각시 만들고
서로 바라보는 눈빛만으로도 행복해
시간이 멈추길 바랐습니다

한순간 녹아 없어지는 사랑이 아니라
빙산의 일각을 꿈꾸고
해마다 내리는 눈을 바라보며
기억의 수채화를 그립니다.

눈 내리는 날 보고픈 너

눈이 내리는 날에는
창가에 서서 너를 기다린다

끝없이 함박눈이 내리면
청초한 너의 얼굴 그리다
보고픔에 견디지 못하고
너에게로 달려갈 거야

하얗게 변해가는 세상 속에
오직 한 사람 너를 위해
눈사람이 되고 싶어
아마 너는 깜짝 놀라 눈이 휘둥그레지겠지

소복하게 내리는 눈을 가득 품고서
녹아내리는 내 사랑을 너에게 줄 수 있다면
난 세상에서 가장 행복한 눈사람이 될 거야
사랑스러운 너 때문에.

겨울 숲

고요한 태양의 눈이 숲 속에 내려와
잠든 숲을 붉게 물들이면

하얗게 잠든 세상은
잔설이 휘휘 허리 감아 녹아내리고

놀란 겨울 숲은
어두웠던 시간을 달래어
허둥지둥 새날을 맞이한다

차디찬 공기를 온몸으로 느끼며
초연한 모습의 나무들은 속삭인다

길고 지루한 겨울이 가고
따스한 봄날이 빨리 오라고

청설모의 발길이 그리워
겨울 숲은 못내 가슴앓이 한다.

촛불

뜨거운 눈물 한 방울씩
흐를 때마다 넌 희생양이 되어 가고

너의 존재 아스라이 사라져도
목숨보다 더 진한 빛을 발산하며

안타까운 현실 속에 피어나는
한 송이 꽃같이 어여뻐라

뜨거운 가슴으로 사랑하여도
다 태우지 못할 사랑의 꽃

따스한 눈길 한 몸에 받고
사라져가는 형장의 이슬이 되어
너의 가슴에 흐르는 지독한 불꽃

그리워 불꽃 튀는 심지 속에
애타는 마음도 함께 태워보고

아련히 사라지는 너의 모습에
이름 모를 서글픔이 뜨거운 입김 되어 날리운다.

외눈박이 사랑

찡한 가슴 심장이 요동치는
사랑을 하면 눈이 멀어진 데요

두 눈을 뜨고 바라보면 눈부셔
감당을 못하기 때문에
한쪽 눈이 지그시 감깁니다

달콤한 사랑을 하려면 지그시 감으세요
내면의 사랑 온통 명주실처럼
얇고 부드러울 것 같은 사랑
오직 당신만을 위해 한쪽 눈을 감습니다

두 눈을 다 뜨면 너무 황홀해 두 눈이 멀어요
완전한 사랑으로 승격시키고 싶은 사랑이기에.

슬퍼하지 마세요

온종일 아무것도 할 수 없는
무기력한 순간이 찾아와도
슬퍼하지 마세요

채우면 채울수록 버거워지고
비우면 비울수록 가벼워지는
인생은 빈 수레와 같아요

거품이 빠지고 나면
허무만이 남는
풍요 속에 빈곤을 부러워하지 마세요

그대를 누군가 가슴깊이 생각하기에
슬퍼하기에는 너무 이르잖아요
그대는 활짝 웃는 모습이 더 잘 어울려요.

제5부

내가 살아 있어야 할 이유

내가 살아 있어야 할 이유

고요하고 한적한 밤바다
그대가 있음에 회상하고 싶다

흐느적거리는 노 젓는 소리
그대가 있음에 자유롭게 저어 가고

외로운 섬에서 산다 해도
외기러기 되어 그대를 꿈꾸며

푸른 물결 물거품 되어 밀려와도
그대가 있음에 아름다워 보이고

검붉은 등대지기 깜박이며 졸아도
그대가 있음에 반짝인다

이 세상에 그대가 있음에
내가 살아 있어야 할 이유가 있다.

죽음 이후에도 당신만을

이승의 연이 다하여 저승으로 향한다 해도
후회 없이 당신만을 사랑했노라고
당신만이 나의 전부라고

이승의 삶이 당신으로 인해
날마다 꽃향기 날리는 행복으로
가득했노라고 말하고 싶습니다

죽음 이후에 소망이 한 가지 있다면
내 뼈에 당신의 이름을 바늘로 한 땀씩
문신처럼 새겨 넣고

내 머릿속 가득히 당신의
이름 석 자를 되뇌이며
사랑한다고 전해 주고 싶습니다

하늘만이 허락한
내 영혼의 사랑인 당신을 위해
전설적인 사랑이 되고 싶습니다.

어머니의 따스한 손길

넉넉한 사랑 마구 주시는
따스한 어머니의 손길에
마음이 부자가 됩니다

정감 어린 말 한 마디가
봄비 내리듯 젖어들고
행복으로 물이 듭니다

어머니의 사랑 크고 높아
알 수 없고 잴 수 없기에
작은 가슴으로 부모가 되어갑니다

희망찬 미래가
어머니의 숨결 타고
오늘도 새롭게 시작합니다.

어머니!
사랑합니다
건강하게 오래오래 사세요.

천 년의 사랑

천 년에 한번 우주에서
떨어지는 별똥별이
가득 쌓일 때까지 사랑해

천 년에 한번 떨어지는 낙엽이
지구촌 한 사람씩
다 밟아 볼 정도로 사랑해

천 년에 한번 피어나는 꽃이
세상을 온통 향기로 만발해
행복할 때까지 사랑해

천 년에 한번 우는 새가
한 방울씩 흘리는 눈물이
바다가 될 때까지 사랑해

천 년에 한번 치는
번갯불 같은 뜨거운 사랑이
용암 될 때까지 사랑해

천 년에 한번
태어날까 말까 하는
사랑스러운 그대를 아낌없이 사랑해.

너의 모습 아름답구나

가녀리고 창백하던 너의 얼굴에
희망이 가득한 모습 보며
병마와 싸워 이긴 너에게
월계관이라도 씌워 주고 싶구나

십 대의 여린 마음
순박한 동화 같은 꿈과 이상을 가진 소녀야
희귀병을 앓고도 씩씩하게 잘 버텨준
승전고를 울린 것처럼 자랑스러운 모습에
힘찬 격려의 박수갈채를 보낸다

백혈병이라는 불치병에 걸렸어도
용기 잃지 않은 소녀의 모습에
모든 이들 눈시울 적시고
너의 당당함에 모든 병마 물리치며
어린 나이에 세상을 힘들게 산
작은 소녀야!
너의 모습이 정말 아름답구나

부모님의 사랑과 애타는 눈물로

다시 태어난 소중한 너이기에
더욱 건강하게 자라다오
고운 얼굴에 웃음꽃이 피어나고
축복받는 나날로 살아가길 바란다

티 없이 맑은 너의 모습 바라보며
모든 이들이 축복을 기원한단다.

천원의 온정

천원의 사랑
나누면 나눌수록
커지는 고귀한 사랑

쪽방에 쥐죽은 듯
아무도 찾아오는 이 없는
산골 오막살이 집 한 채

구부정한 허리
제대로 펴지도 못하고
물 길러 떠나는 할머니

창문 너머 가로등 불빛
너무도 서글프게
쏟아져 내리고

"외로운 게 복이야."
할머니의 말씀에
가슴이 아파집니다

자식 하나 없이
찾아오는 건 외로움뿐
아주 잠깐이라도 사람의 정
솔솔 나게 해 드리고 싶습니다

천원의 사랑 전화 한 통으로
작은 정성이 모여
큰사랑의 댐을 이루듯

천원의 사랑으로
할머니께 따뜻한 온정을
전해 드리고 싶습니다.

작은 불씨 하나가

초록으로 물드는 싱그런 숲 속에
불행을 자초한 작은 불씨 하나가
대자연을 시샘하는지 검은 숯으로 만들고

거센 바람 몰아쳐
재앙을 안고 온 꺼지지 않는 불덩어리
불바다 되어 대책 없이 불타오르네

바람을 등에 지고
개선장군처럼 활활 타오르는 붉은 재앙
검게 타들어가는 속병 누가 치료해주나?

외로운 장벽

애잔한 시간은 엉성한 철조망 사이로
둘러싸여 깊은 세월 속에 묻혀 갈 때
분단의 높은 벽을 허물지 못하고
아픔의 세월을 간직한 채 소리 없이
찬바람에 흔들리는 억새만
쇠창살에 가로막혀 울부짖고 있구나
금방이라도 손 내밀면 닿을 듯한
그리운 얼굴만 물씬물씬 바람에 나부낀다
녹슨 철길 위에 끊어진 다리
철조망에 씌워 놓은 낡은 깃발 들고
먼발치에서 발만 동동 구르며
외로움 매달고 힘없이 펄럭인다.

생의 끝자락에서

꽃가마를 타고 갈까요
꽃마차를 타고 갈까요

희미하게 꺼져가는
영혼의 등불 앞에
하얗게 타들어 가는 입술

새로 지은 영혼의 갑옷으로
갈아입고 오라
삶의 끝자락에서
자꾸만 초대장을 보내옵니다
하얗게 야위어 가는
할미꽃 한 송이
분골쇄신 단잠을 잊은 채

사그라지는 촉수 밝히며
방전되지 못한 하얀 불빛
야속하게 깜박일 때마다

갈 곳 몰라 방황하는 영혼

생의 인연의 줄
이제 그만 놓으라 재촉하네요.

맨발의 파라다이스

겉 포장지를 뜯어낸 듯
속살만 하얗게 드러내놓고

거리낌 없이 벗은 몸으로
활보하며 웃는 사람들

햇빛을 등에 지고 눈만 가린 채
태양을 거부하는 사람들

나무꾼이 없는 선녀탕에서
호시탐탐 나무꾼을 기다리는 사람들

자연인이 되어 부는 바람
살결 위에 스쳐가도 여유 부리고

치장하지 않고 활보해도
부끄럼 없는 세상

빈부의 격차가 전혀 없는
진정한 삶의 무릉도원.

잠재된 고독

불필요한 언어보다
불필요한 습관보다
불필요한 행동보다
생각 속에 살아 숨쉬는
필요한 존재가 되고 싶다

세상 속에 잠시 피었다가
천천히 꺼져가는 인생길에서
촛불처럼 흔들리는
초점 잃은 방향타처럼
맹목적인 삶의 고통보다
잊히지 않는 순수한
잠재된 고독이어라.

한평생 사노라면

삶의 무게가 힘겨워
나뒹구는 시간 속에
별똥별 되어
사라지겠지요

슬픔이 찾아와
너울너울 춤추다 가면
통곡의 강이 되어
눈물바다 이루겠지요

세상 시름 남들 일처럼
무상함으로 하루를 엮어 가면
돈에 노예가 되어 거리를 활보하고
눈이 멀어 집채만큼 욕심이 쌓여가겠지요

이래도 한세상 저래도 한세상
모든 근심 걱정 홀가분히 털어버리고
하루만 살 것같이 생각하면
무슨 고민이 있을까요

기쁨이 동행하여
웃는 시간이 길어지면
행복이랑 손잡고 깊이 파인 얼굴
인상이 바뀌어 하회탈이 되겠지요.

성공을 꿈꾸는 당신

동그라미 세상 속에서
얼기설기 섞여 살며
성공이라는 두 글자를
아직도 꿈꾸고 있는가

앞으로 다가올
힘찬 미래가
거대한 해일처럼
밀려왔다 밀려갈 때

인생 고뇌의 잔을
마셔 보았는가
성공을 꿈꾸는 당신
인생에 도전장을 던져라

끝없는 맹목적인 삶의
노예 선에서 탈출하라
성공을 위하여
추상적인 상상보다는

끊임없이 노력하고
진취적인 목적 행위를 달성하라
그대 앞에 펼쳐질
새로운 인생이 눈에 보인다.

함께 가요 희망으로

누구나
한 가지씩 독특한 색깔로
희망을 안고 살아갑니다
많이 가진 자와 적게 가진 자
모두 모두 공평하게

힘들고 때론 지칠 때
모든 걸 포기하고 싶을 때
오늘보다 나은 내일을 추구하며
희망이라는 보따리를 끌어안고
가슴 가득 안고 살아갑니다

때론 희망의 보따리에 구멍이 나서
꿰매고 또 꿰매도
희망이 절망이 되어 돌아오지만
다시 일어서라고 용기를 주어
새 희망을 꿈꾸어 봅니다

함께 가요
아무도 가보지 못한 초연한 세계

희망이라는 지도 한 장 가지고
돛을 달고 노를 저어가요.

꿈의 나라 희망이 기다립니다.

정결한 사랑의 고백, 그 내밀한 서정성

권갑하(시인)

사랑은 달콤한 향기인가, 가슴 아린 통증인가. 사랑은 어떤 빛깔의 프리즘을 가슴에 지녔을까. 영원한 사랑을 믿는가. 그 사랑으로 생을 탕진한 이가 있다면 행복하다고 해야 할까…….

수많은 시인들이 다양한 빛깔의 사랑 노래를 불러왔지만 사랑은 여전히 미답의 처녀지요, 접근을 허락하지 않는 오리무중의 블랙홀 같다.

그리움은 또 어떤가. 인간이 지닌 숙명 중 가장 아름다운 것이 그리움이라지만 우리는 오늘도 텅 빈 그리움에 몸서리치며 고독한 먼먼 길을 홀로 찾아 떠난다. 하지만 그 여정은 길고 길어서 끝내 가 닿지 못하는 슬픔에 쓰러지고 만다. 그러니 "눈이 부시게 푸르른 날은/ 그리운 사람을 그리워하자."(서정주, 「푸르른 날」 일부)는 노랫말을 쏘아 올리거나 "파도야 어쩌란 말이냐/ 파도야 어쩌란 말이냐/ 임은 물같이 까딱 않는데/ 파도야 어쩌란 말이냐/ 날 어쩌란 말이냐"며 절규하듯 그리움의 깃발을 높이 들어 올

릴 수밖에.

– 「하늘빛 그리움」 일부

여기 순수한 사랑의 고백에 눈이 부시고 그리움에 옆구리가 욱신거리는 시인이 있다. "넓은 허공에/ 너의 얼굴 그려놓고/ 마주보며 웃"는 하늘빛 그리움으로 "잔잔히 물들어 가"(「당신의 그늘」)는 시인이다. 그리움의 대상은 "그대" "당신" "너" 등으로 나타나지만 시적 대상은 서정적 자아인 "나"의 내면에 내밀하게 존재하며 자기 인식과 존재의 의미를 뜨겁게 껴안는다.

"밝은 햇살" "환한 미소" "행복의 꽃신" 등의 어휘에서 느낄 수 있듯이 이신옥 시인의 그리움은 "은빛날개 활짝 펴고/ 금모래 빛으로 치장한/ 그대"(「그대와 함께 하는 동행」)를 닮아 "소금기둥 되어 높아만 간"다. "지칠 줄 모르게 젖어드는" 그리움은 "온몸으로 젖어들어/ 천천히 퍼지는/ 불꽃같은 집착이/ 성난 폭죽처럼 터지"(「가슴속에 사는 그리움」)는 뜨거움을 지녔기에 시인도 그 통증을 비껴갈 수는 없는 운명이다. 때로 "새까만 그리움"으로 표출되거나

"백년의 고통"을 수반하기도 한다. "날렵한 칼날에 베인 듯
하루가 또 저물어/ 내 마음은 아픈 상처만 가득 안고 오"
(「그리움에 젖어 아픈 하루」)거나 "충혈된 눈으로 새벽을
지새우며/ 오지 않는 잠을 청하"(「보고 싶어 잠 못 이루는
밤」)기도 한다. "그리워 불꽃 튀는 심지 속에/ 애타는 마
음도 함께 태워보고"(「촛불」), "함박눈이 내리면/청초한
너의 얼굴 그리다/ 보고픔에 견디지 못하고/ 너에게로 달
려"(「눈 내리는 날 보고픈 너」)가는 절절함으로 타오른다.

사랑하고 또 사랑하고
바라만 봐도 미소 짓게 되는
내 안에 가득한 그대

사막에 마지막 남은
한 방울의 물방울처럼
소중한 내 사랑

하늘 아래 풀 향기가 상큼해도
그대 향기만큼 상큼하지 못하고
하늘 위에 별들이 반짝여도
그대의 눈빛만큼 아름답지 못해요

그대는 나를 위해 태어난 사랑
하늘 위에도 없고 땅 속에도 없는
나만이 간직할 내 사랑

– 「내 사랑」 전문

누구나 한순간 사랑에 눈이 먼다. 사랑에 눈이 멀면 세상은 한순간 달라진다. 그런 상태야말로 원초적 순수의 상태이다. 이 때 관능적이고 육체적인 사랑의 몸짓은 너무나 자연스런 감정의 행위 표출이다.

감정 그 자체를 노래하는 것이 서정시의 본질이라면 사랑에 빠진 사람은 모두가 서정시인이다. 용솟음치는 정서와 감동 속에서 빚어지는 내밀한 고백의 언어는 가장 아름다운 사랑의 노래요 영혼을 울리는 자기 고백이 아닐 수 없다. 자연 "그대"는 "내 안에 가득"차게 되며, "마지막 남은 한 방울의 물방울처럼 소중"하다.

세상의 그 어떤 것도 그대의 눈빛만큼 아름다울 수 없다. 세상은 온통 원형질의 사랑으로 넘쳐난다. "황폐했던 마음에 촉촉이 내리는/ 단비"(「당신을 사랑합니다」)처럼 빠르게 스며든다. "공기처럼 있는 듯 없는 듯" 하지만 "눈물나게 그리워하고 애타게/ 기다리고 싶"고 "언제까지나 아름다운 마음만 심어주고 싶은" 수많은 사람 중에 "오직 한 사람"(「오직 한 사람」)이 된다. 진정 그대는 "내가 살아 있음에 감사함을/ 깨닫게 해주"(「내 곁에 있는 한 사람」)는 대상이며 "해맑은 표정으로/ 넓은 가슴 빌려주고/ 훈훈하게 데워주는 사람"(「만나면 기분 좋은 사람」)이다. 마침내 "그대의 이름 석 자"는 "내 안에 한 방울의 피가 되어/ 잔잔히 퍼져 가"(「가슴에 새겨놓은 사랑」)며, "한 폭의 그림처럼 행복한 아침을/ 두 손 가득 선사"(「행복한 아침」)한다.

순연하고 애틋한 사랑의 감정이 눈부신 봄 햇살처럼 반짝이는 것이다. "살며시 바라보기만 해도 아까운 그대는/

너무 사랑해서 닳아 없어질 것 같고"(「영원한 하얀 사랑」)
"그대를 마주하는 것만으로도/ 사랑이 넘쳐나"(「행복한 그
대의 미소」)는 눈부신 황홀경에 빠진다.

그대 고운 얼굴
내가 사랑하는 당신은
촉촉하게 젖어드는 은빛 이슬방울 위에
살며시 피어나는 풀잎향기였으면 좋겠어

-「내가 사랑하는 당신은」 일부

하지만 사랑은 늘 "황홀한 키스" "매혹스러운 향기"로 다
가오는 것만은 아니다. "새근새근 잠든 천사"의 미소는 어
느새 드리운 안개를 벗고 "산새들 지저귀는 소리처럼/ 맑
고 청아한 노래였으면 좋겠"다는 현실의 욕망과 기대로 바
뀐다. "따스한 손 내밀어/ 아름다운 시간 가득 채워주고/
둘만의 시간표를 작성해/ 작은 풍선 하늘 높이 띄우고//
그대와 함께 어느 멋진 날/ 함박꽃처럼/ 환하게 피어오르
는 파티를 준비하"(「그대와 단둘이」)는 구체적인 일상의
모습으로 돌아온다. 시간적 공간적 개념을 거부하는 자리
에 위치하던 "그대"는 이렇게 조금씩 현실 속의 구체적인
대상으로 그 모습을 드러내는 것이다.

그대 고운 얼굴
찡그리지 마세요

바라만 봐도 닳을까
자주 보지 못해요

그대 고운 얼굴에

환한 미소만 지어요

내 허락 없이 절대로
아프지 마세요

그대 몫까지 대신
아파 줄게요

- 「내 허락 없이 아프지 말아요」 일부

사랑은 마음과 몸이 하나 되는 완전한 합일을 꿈꾼다. 뜨겁게 눈을 하나로 맞추고 허물없이 서로를 한 몸으로 껴안는다. 그러니 "그대"의 아픔과 슬픔이 나와 다른 몸, 나와 다른 영혼의 일일 수 없다. 영원한 사랑, "아름다운 내일" "행복한 미래"가 가득한 "행복한 숲"이기를 간절히 희원한다. "지혜의 샘물이/ 말갛게 솟아나"고, "반짝이는 행운이 가득 피어나"(「행복의 숲」)는 공간이기를 갈구한다. "내 안에 있는/ 정겨운 삶의 모습을/ 그대의 두 손에 부어주고 싶"(「너에게 행복을 주고 싶다」)고, "폭발하는 활화산처럼 하염없이/ 솟구치는 그대 사랑 안에서/ 영원히 숨쉬고 싶"어 한다. 정영 사랑하게 되면 "사랑한다는 이유 하나로/ 죽음도 그 이상도 두렵지 않"게 되며 "정녕 꿈이라면 깨어나지 않게 해달라고" 노래하게 되는 것이다.

사랑은
무조건 행복 하는 줄 알았는데
가슴 아프고 눈물 나게 하는 몹쓸 병인가 봅니다

- 「사랑은 이런 줄 알았는데」 일부

사랑은 변한다. 어찌 그 빛나던 맹세가 변할 수 있을까 싶지만, 사랑하니까 변한다. 살아 있으니까 하루에도 수십 번 감정의 무늬가 바뀌고 결의 흐름이 자리를 뒤튼다. 변하지 않는다면 그것은 집착이요, 강박이다. 사랑의 열병은 이처럼 기꺼이 스스로를 변화시킨다. "시들시들하던 보고픔이 점점 메말라 간다" "내 안에 부식되어버린 고갈된 이름 하나"를 "부여잡고 배회하다/ 스러질 듯 흔들리는/ 그리움의 끝자락만 매만진다."(「부서지는 그리움」) "내 눈 속에 마음속에/ 깊이 빠져 숨을 쉬지 않는/ 공간 속으로 사라져" "이제 그대는 어디에도 없"(「영혼의 불새」)게 된다. "가을이 오면 예쁜 추억/ 많이 만들자고 약속했는데/ 어느새 가을이 다 가고 있"(「코스모스 닮은 친구에게」)다. "바스러지는 너의 모습 애처로워 갈 수가 없"(「갈색 추억의 길」)는 "갈색 추억의 길"에 서게 된다. "간절한 눈빛으로 호소해 보지만/ 뜻 모를 엷은 미소만 보일 듯 말 듯" 하는 "회색빛으로 싸늘하게 식어 가는 사랑 앞에"(「사랑 뒤에 오는 슬픔」) 서게 되는 것이다.

이쯤에 서면 "사랑을 할 땐 눈이 멀어/ 오직 하나만 보이지만// 이별을 할 땐 마음이 멀어 아무것도 보이지 않"(「사랑과 이별 사이」)는 슬픔을 맛보게 된다. "사랑 뒤에 오는 슬픔"은 이렇듯 "고통으로 일그러"(「사랑 뒤에 오는 슬픔」)진 모습으로 나타난다.

커다란 그림자로 행복이라는
두 글자를 선사해주는 당신이 있기에
남은 일생이 당신과 더불어

잔잔히 물들어 갑니다

사랑은 그늘을 드리운다. 그 그늘은 "비운의 주인공처럼" "시간과 공간을 초월한 눈먼 자의 비애"(「사랑 뒤에 오는 슬픔」)를 불러온다. 하지만 "언젠가 형체도 없이 사라져/ 한순간 먼지가 된다 해도/ 당신과 맺은 끝없는 사랑은/ 제세토록 빛을 발할 거"(「끝없는 사랑」)라는 믿음은 여전히 힘을 발한다. "사랑 안에 진하게 새겨진 사랑"은 세월이 흐른다고 흐려지지 않고, "아득히 먼 시간을 돌고 돌아/ 세상이 변한다고 깨어지지" 않는다는 "끝없는 사랑"에 대한 다짐은 "영원한 화석이 되어/ 그 진가를 발휘한"(「끝없는 사랑」)다. "열어보면 알 수 없는/ 미묘한 아픔만이/ 살아 숨쉬기에" "뇌리에 가득한 추억은/ 그냥 묻어 두는 게/ 더 행복한 것 같"(「마음속에 간직함」)다는 깨달음도 이즈음 얻을 수 있는 행복의 다른 모습이다.

사랑한다는 말도 "아끼고 아껴"(「사랑한다는 말」) 가슴속에 묻어두는 지혜도 얻게 된다. 인생은 "채우면 채울수록 버거워지고/ 비우면 비울수록 가벼워지는" "수레바퀴와 같"으니 "온종일 아무것도 할 수 없는 무기력한 순간이 찾아와도 슬퍼하지 말"(「슬퍼하지 마세요」)아야 한다는 말도 "뜨거운 입김"을 뿜어낸다.

흐느적거리는 노 젓는 소리
그대가 있음에 자유롭게 저어가고

외로운 섬에서 산다 해도

외기러기 되어 그대를 꿈꾸며

푸른 물결 물거품 되어 밀려와도
그대가 있음에 아름다워 보이고

검붉은 등대지기 깜박이며 졸아도
그대가 있음에 반짝인다
– 「내가 살아 있어야 할 이유」 일부

사랑은 모든 것은 인내하게 한다. 등대가 왜 캄캄한 밤바다에서 깜박이겠는가. 돌아오지 않은 "그대"가 아직 멀리 있기 때문이다. 아무리 슬픔이 발목을 잡아도 사랑은 한 발 한 발 앞으로 나아간다. 그러니 당신만이 전부요, "저승으로 행하는 날에도/ 후회 없이 당신을 사랑했노라고/ 당신만이 나의 전부라고"(「죽음 이후에도 당신만을」) 말할 수 있게 된다. "삶의 무게가 힘겨워/ 나뒹구는 시간 속에/ 별똥별 되어/ 사라질"것이라는 생각으로 "한평생 사노라면" 마침내 "희미하게 꺼져 가는/ 영혼의 등불 앞에/ 하얗게 타들어 가는 입술"(「생의 끝자락에서」)을 마주하게 되는 것이다.

사랑 시는 인간의 감정 그 자체에서 소재를 발견한다. 마음 속 깊은 곳에 흐르는 정조로 독자의 심정을 울린다. 직관이나 논리, 그 어떤 수사학적인 효과를 뛰어넘는다. 그런 점에서 사랑 시는 개인적 정서와 감동에 바탕을 둔 내밀한 언어 고백이며 영혼의 울림이다. 정서적 고갈에 빠진 독자들에게 한 모금 시원한 청량제가 되어 정서를 더욱

고양된 세계로 이끈다. 문단의 주목과 관계없이 서정시로서의 사랑시의 위치는 일반 대중 독자들에게 여전히 막강한 힘을 갖고 있다. 누가 이 진솔한 사랑의 감정, 정결한 사랑의 고백에 빠져들지 않을 수 있겠는가.

이신옥 시인은 진정 가슴 따뜻한 사랑의 시인이다. 또한 행복한 사람이다. 시집 한 권의 분량으로 사랑을 노래할 수 있는 축복을 부여 받았으니 말이다.

그 뿐인가. 이 시집에는 만남과 이별, 아픔과 절망 등 삶에 대한 시인의 뿌리 깊은 사유와 철학이 곳곳에 배어 있다. 이러한 사랑 노래는 사랑하고 미워하며 그리움에 잠 못 이루는 우리네 여린 마음을 한없이 위로하고 어루만져 준다. 우린 모두 영혼이 가난하고 고독한 존재일 수밖에 없기 때문이다.

"사랑"만큼 대중적인 사랑을 받는 주제도 없다. 그동안 가장 많이 시적 대상이 되었고 앞으로도 변하지 않을 것이다. 모처럼 독자들의 가슴을 촉촉이 적셔줄 시집의 발문을 쓰면서 필자도 새삼 마른 가슴에 참사랑의 감정이 연둣빛 새싹처럼 내밀하게 싹틈을 느낄 수 있었다. 이 얼마나 고맙고 감사할 일인가.

때로 사는 일이 팍팍하고 숨차다고 느껴질 때 우리는 이 아름다운 사랑시집을 손에 들고 꽃향기가 구름 따라 춤을 추는 창가에 조용히 나앉을 일이다.

* 권갑하 1958년 문경 출생. 조선일보, 경향신문 신춘문예 당선. 시집 『단 하루의 사랑을 위해 천년을 기다릴 수 있다면』, 『세한의 저녁』 등 출간. 현재 계간 《나래시조》 편집주간. 농협대학 겸임교수. 농민신문사 고객 지원국장

하늘빛 그리움

2009년 6월 15일 1판1쇄 초판인쇄
2009년 6월 20일 1판1쇄 초판발행
지은이 이 신 옥
발행자 심 혁 창
발행처 **도서출판 한글**
서울특별시 서대문구 북아현동221-7
☎ 02) 363-0301 / 영업부 02-362-3536
FAX 02) 362-8635
E-mail : simsazang@hanmail.net
등록 1980. 2. 20 제312-1980-000009

△ 파본은 교환해 드립니다

IN GOD WE TRUST

정가 **9,000**원

ISBN 978-89-7073-302-9-03130